Chung Eui-Hong

시인 정의홍

북한산 바위

정의홍 시집

북한산 바위

시학
Poetics

■ 시인의 말

  서울 살림을 접고 고향에 내려온 지 5년, 저의 일상은 마치 오랜 여행을 마치고 집으로 돌아온 듯 합니다. 아침마다 바닷가 해송 숲을 걷고 일터로 가서 환자를 돌보고 저녁 무렵 집으로 돌아올 때면 노랗게 차오른 달이 바다 위로 떠올라 저를 기다립니다. 속절없는 계절들이 꽃을 피웠다가 떨구며 여러 번 다녀가고 저도 시를 잡았다 놓았다를 반복하는 동안 고향의 풍광이나 진료실의 환자, 그리고 저의 미천한 신앙으로 생긴 어설픈 글들이 몇 편 쌓였습니다. 저의 글은 아주 쉽고 평이해서 적어도 시를 읽으며 이게 무슨 소리지? 하실 필요는 없습니다. 그저 시골집에 내려와 담백한 밥상 하나 받으신 것처럼 편안하게 읽으시면 됩니다. 그러나 저의 밍밍한 글에도 간혹 쓴 맛 단 맛이 있고 더러는 아픈 맛 뭉클한 맛이 있어 어쩌다가 그것들이 가슴 끄트머리에 걸려 마음에 작은 무늬 하나 남겨 놓을 수 있다면 참 좋겠다는 바램을 가져봅니다.

2018년 봄
정의홍

차례

■ 시인의 말

제1부

감재적 한 소댕이 자시러 오시우야 15
강문에서 16
고뱅이가 아파 당최 댕길 수 업싸 18
도다리 쑥국 19
길 잃은 강아지처럼 20
별 · 3 22
손으로 쓴 족보 24
솔향에 살어리랏다 26
아빠를 닮았다면 28
안목에 가고 싶다 30
오징어잡이 배 32
천방둑 34
어느 봄날 36
택시부 광장 37
폭설 38

제2부

기억하소서　41
구멍난 수술복　42
보스꼬안과　44
박카스　46
산동네 사람들 · 1　47
산동네 사람들 · 2　48
소식 없네　50
도너스　52
시간이 멈추어 커피가 되다　54
쓸데없는 걱정　56
장마　58
아름미용실　60
저물녘　61
짧았던 사랑　62
진리는 너의 것　64

제3부

성지순례 · 1　67
성지순례 · 2　68
성지순례 · 3　70
성지순례 · 4　72
샌프란시스코 · 1　73
샌프란시스코 · 2　74
소리　75
소래포구 가는 길　76
장사도　78
지상으로의 순례　80
초당에 가면　82
북한산 바위　84
캄보디아 · 1　85
캄보디아 · 2　86
캄보디아 · 3　88

제4부

스무 살　93
산사山史　94
바람부는 저녁　96
재홍아 재홍아　98
설악　101
천국아파트　102
복숭아나무　104
누가 버렸을까　105
제비꽃　106
회양목　107
차 팔던 날　108
그늘 속 철쭉　110
찰리　111
해변 묘지　112
새 봄　114
노랑꽃창포　115

■작품 해설 | 이성천　116

제1부

감재적 한 소댕이 자시러 오시우야*

하늘이 스믈스믈 수상하여
비라도 한 삼일 퍼부을 작정인지
이런 날은
양철 지붕 두드리는 빗소리를 그리며
종일 빈둥거린다 한들
죄가 되지는 않으리
채울 수 없는 허기가 섭섭하여
감자적이라도 두어 장 부쳐
시큼한 막걸리 한 사발 털어볼까
고향 얘기를 할 땐 늘
감자적이 먹고 싶다던 서울 친구야
감재적 한 소댕이 자시러 오시우야

---

* '감자적 한솥뚜껑 잡수러 오세요'의 강릉 사투리.

강문에서

저 놀잇배들은 잠이 들었구나
모로 비스듬히 눕거나
여름이 남긴 발자국 위에
코를 박고 엎드린 채
먼 바다에서 들려오는 태풍 소식이
긴 잠 깨우기를 기다리는가

인적 없는 모래펄을 옆에 끼고
천 리 해안선을 따라간 녹슨 철책은
밤이 지도록 보안등을 켜놓은 채
숨소리도 내지 않고 바다를 지키는데
바람은 제멋대로 철책을 넘어가서
철썩 바다를 때린다

여기 강문의 밤바다
바닷마을 횟집들 하나둘 불을 끄고
사람들이 모두 집으로 돌아가면

검은 수평선에는 고깃배들만 남아
강문 등대를 흔들어 깨우는데

태곳적부터 오던 새벽아 너는
바다 밑 어딘가에 아직도 누웠는가
그믐달 여태 걸린 동쪽 하늘 끝에
새 하루를 일으켜 세우려고
바다는 벌겋게 몸이 달고 있구나

고뱅이가 아파 당최 댕길 수 읎싸*

진료실에 들어오신 할머니가
고뱅이가 아파 당최 댕길 수 읎싸
아무렇게 뱉어낸 한마디에
오랜만에 만난 옛 친구를 보는 듯
내 안의 반가움이 번쩍 눈을 뜬다
잊었던 한세월을 뚫고 나온 '고뱅이' 속으로
제 손자들을 닮은 어릴 적 친구들 모습이나
말통기, 땅따먹기 같은 놀이며
옥수수 찌는 냄새까지
울컥 쏟아져 나와
내 가슴을 둥둥 치는데
동네 똥개들처럼 지천에 돌아다니던 그 말들이
이제는 모두 어디로 가 숨었는지
깊게 패인 촌로의 주름처럼
짠하게 슬퍼지는 그리운 강릉말
고뱅이가 아파 당최 댕길 수 읎싸

---

* '무릎이 아파 도대체 다닐 수 없어'의 강릉 사투리.

도다리 쑥국

봄 향기 쌉쌀하게 풀린
한 그릇 맑은 국물이 되려고
짭짤한 해풍이 아직은 쌀쌀해도
푸른 바람에 흠뻑 젖고 싶어
미륵산 양지 쪽 언덕 위에는
쑥들이 열심히 고개를 내밀었던 것이다

사량도 섬그늘 큰 바위 아래에서
도다리는 또 얼마나 힘껏 헤엄질을 하며
추운 겨울 찬 바다 속을 견뎌
탱탱하게 살이 올랐을 것인가

이 봄에 맛보는 도다리 쑥국
통영 앞바다와 미륵산은
그리 절묘한 만남이 되었구나

길 잃은 강아지처럼

사는 곳이 집이고 고향이라
산사 선생님 말씀하셨는데
내 살았던 주민등록을 들추어 보니
나라 밖으로 두 번이나 나갔다 왔고
크고 작은 이사를 셈하기도 어려워
삶의 이력들이 덕지덕지 복잡하다
아내는 자신의 고리짝 태몽 때문에
평생을 떠돌게 되었다고 꿈을 원망해보지만
산다는 것은 결국
짊어지고 가야 할
결국은 다 버려야 할
잡동사니들이 세월과 뒤섞여 쌓여가는 일이라
이사할 적마다 고리짝 개수는 늘어만 갔는데
서울 북한산 밑 마당 있는 집 장만해서
감나무도 심고 삽살개도 키우고
이제 오래도록 사나 했더니
무슨 바람병이 들었는지

어느 해 봄 서울 큰 살림 다 버려두고
막역하게 바닷가 내가 태어난 곳
강릉으로 돌아왔다
오호츠크해 심해를 휘젓던 연어가
생을 마칠 무렵 제가 깨어난 남대천으로 올라오듯
소싯적 기억과 아득함
내 몸에 각인된 옛 맛과 냄새를 따라
나도 이제야 그처럼 돌아왔던 것이리라
바람 따라 날던 민들레 홀씨들도
한번 주저앉으면 그곳이
제 평생의 삶터요 집인데
나는 집으로 돌아오기까지
부평초 닮은 구름처럼
너무 오래 떠돌았구나
생의 이곳 저곳을 쿵쿵대며
너무 많이 기웃거렸구나
길 잃은 강아지처럼

별 · 3

핸다리 외갓집 우물에서
찰랑찰랑 물 퍼올린 게
어느 시절이었던가

우물가에서
검은 산 위로 뜬
별 하나 올려다본다
내 어머니 어렸을 적에도
내가 어렸을 적에도
그 자리에 그 별

이 땅에 참 슬픈 일 하나
세상에 어머니 안 계셔도
어두운 산중에 홀로 누워 계셔도
그 자리에 그 별 아직
꿈쩍도 않고 빛나는데

이제는 말라버린 우물가에 서서
검은 산 위로 뜬
별 하나 올려다본다

손으로 쓴 족보

할아버지가 직접
붓으로 쓰신 족보는
맨 마지막에
정의홍鄭義弘으로 끝났다

고려 중엽에 싹틔워
천 년 나이테를 더해온 큰 나무의
땅속 뿌리로부터
내가 연결된 줄기만을 골라
붓으로 정성껏 필사하신 낡은 서첩 속
서른여덟 번째 가지 끝에 매달린 내 이름

내 위로 창嶂 자 교教 자
그 위로 연然 자 무懋 자
그 위로 우宇 자 화和 자
한참을 거슬러 올라가면
포은 정몽주 할아버지가 나오고

아득한 훗날, 내 손자의 손자들이
새 가지로 돋아나고 또 자라나더라도
내가 태어났던 천구백오십육년
그 어느 한 순간에 멈추어 완성된

이젠 비록 이 땅에 안 계셔도
푸른 댓줄기처럼 꼿꼿했던
그 모습 그대로 세상에 남겨진
할아버지가 직접 손으로 쓰신
세상 오직 하나뿐인 족보

솔향에 살어리랏다*

거대한 태백의 등줄기를
봄은 수천 번 어김없이 넘어와
하슬라** 옛 땅에 꽃대궐 지었다가
하늬바람에 꽃비 내리듯
순간으로 또 허무는데

초당 옛터를 지킨 나이 든 노송들은
나날이 창창하게 젊어만 가서
소나무 큰 그늘에 누워
늘어진 낮잠을 자다가 깨면
경포호엔 연꽃이 피어 있으리

대관령 굽이 길을 타고
갈바람이 내려오면
감나무 아래 돌담은
곱게 단풍 들어
고향 풍경화가 되는데

초승에 떴던 달이 어느덧 보름인가
강릉 바다에 뜬 작은 배 한 척이
세월 잊고 잔잔히 출렁이는구나
저 달 속의 토끼가
여직 방아를 찧는 곳

나는 한 오백 년
솔향에 살어리랏다

---

* 솔향은 강릉을 뜻함.
** 하슬라는 강릉의 옛 지명.

아빠를 닮았다면

아빠를 닮았다면
키가 그리 크지 않았을 텐데

아빠를 닮았다면
힘도 그리 세지 않았을 텐데

어느 날 훌쩍
아빠보다 목 하나 더 커진

어느 날부터인가
팔씨름을 이길 수 없게 된

'아빠' 하는 목소리가
'용수야' 하는 목소리보다 더 굵어진 날

용수는 어느새
안아 올릴 수 없는 청년이 되었는데

아빠는 어느새

어릴 적 용수만큼 작아만 졌는데

안목에 가고 싶다

고기잡이 배조차 뜸했던 어촌에서
동해 섬으로 가는 쾌속선이 뜨고
파도마저 권태롭던 이곳
혀 꼬불거리는 이름표를 단 커피집들이
저마다 화장을 짙게 하고
복닥거리는 사람들의
눈코를 잡아 이끈다

천지가 개벽하기 전
승객이 다 차야만 출발하는
안목행 완행버스는
안목바다로 가는 신작로에다
풀풀거리는 흙먼지를 만들며
아스라이 길 위로 사라졌는데
천방 둑을 따라
반나절을 걸어 해수욕 가던 아이들은
여름날 포도알처럼

까맣게 익어갔다

그 옛날 안목에 가고 싶다

오징어잡이 배

주문진 밤바다
캄캄한 수평선 위를
등불을 켜 들고
어둠 내린 모래언덕을 넘는
낙타들의 행렬처럼
오징어잡이 배들이
점점이 줄지어 있다

저 배들이 낚아 올리는 것
어디 오징어뿐이랴
소금에 절은 땀과
한밤을 지새우는 고달픔과
자식 걱정 노모 걱정
간혹 희망도 건져 올라오길
간절히 소망하겠지만

어쩌랴

출렁이는 밤바다는 망망하고
새벽은 아직 멀기만 한데
어찌하여 저 풍경 속
짭짤한 애잔함은
물에 어리는 달빛처럼
아름답기조차 할까

천방둑

강릉읍에서 나서 자란
사람들 가슴속에는
작은 흙길 둑 하나씩 남겨져 있네

천방둑 넘어 남대천에서 멱감거나
천방둑 아래 물가에서 꾹저구 잡거나
천방둑 풀밭에서 메뚜기 날리거나

어느 해 여름 소년은
둑이 끝나는 곳까지 가 보고 싶었네
미지의 나라로 떠나는 여행처럼
귓전에 바람 소리를 매달고
자전거를 타고 둑 위를 달려갔네

둑 위를 달려간 게
소년만은 아니어서
세월도 둑 위를 달려가

둑이 끝나는 곳에서
홀연 바다가 되었네

소년은 이제
자전거를 타고
천방둑을 달릴 수가 없는데
둑은 우람하게 커지고 힘이 세져서
그 위로는 자동차들만이
바쁘게 미끄러지고 있네

어느 봄날

기울어진 농가 툇마루에
빈집 같은 적막을 두르고
검게 여윈 노인 한 분이
아직은 쌀쌀한 바람 속에
담요 밖으로 얼굴만 꺼내놓고
제법 따땃한 삼월의 햇살을
옴스라니 맞고 있다
뜰에는 꽃나무들이
여린 순을 돋우느라
용을 쓰고 있는데
이 세상 마지막 봄날에
저 세상에다 틔울 싹을 위해
노인은 열심히 햇살 모으고 있다

택시부 광장

내 어릴 적
경포에 해수욕 가려면
핸다리 외가집에 가려면
지나가는 택시를 붙잡는 게 아니라
전화로 콜을 부르는 게 아니라
택시 잡으러 집에서부터
시발택시 새나라택시
신형 코로나택시들이 모여 있던
성내동 공터까지 걸어갔는데

택시 타던 손님들과
손님 기다리던 택시들이
세월의 강에 떠내려간 후
그 자리에 세워진 묘비명
택시부 광장

폭설

참 많이도 온다
며칠째
누군가 지나간 옅은 흔적 따라
길을 찾는다
몸통까지 눈에 빠지며
앞장섰던 삽살개
뒤를 돌아다본다
나아가야 하는 것인지
뒤돌아 가야 하는지
사라져 버릴 세상 모든 것들도
한때는 이리 맹렬히 달려오거늘
저 퍼붓는 눈발 속에는
봄도 섞여 내릴지니
어찌 할거나 그저
쌓여가는 눈 헤치며
한 발 한 발
앞을 내디딜 뿐

---

* 2014년 2월 강릉에는 6일 간 밤낮을 쉬지 않고 눈이 왔다.

제2부

기억하소서

할아버지 손잡고
녹내장 안약 받아가시는 치매 김 할머니
가늘어진 신경줄 끝에
세상은 이제 눈곱만큼 붙어 있다
한 눈이 실명된 다운증후군 박 씨
남은 눈마저 각막염으로 위태롭게 이어간다
지적 능력이 다섯 살인 정 씨는
해맑은 표정이 소녀 같은데
올해 나이 예순 세 살이다
자폐증 남 군은
벌겋게 충혈된 눈을 눈꺼풀 속에 감추어놓고
대단한 보물이라도 되는 듯
절대로 내게 꺼내 보이지 않는다

하느님
때 묻을 수 없는 영혼으로
지상에 잠시 내려와 사는 이 천사들을
오래도록 꼭 기억하소서

구멍 난 수술복

수술복을 입으려다 구멍이 났기에
무심코 버리려다
슬몃 마음이 아려왔네

인연이 닿아 나와 더불어 여러 해 동안
'내 죄를 보지 마시고 환자와
그 가족들의 기도를 들으시어
수술이 무사히 끝날 수 있도록' 기원드렸던

수술 후 세상 환해졌다고
좋아하시던 분들을 보던 작은 기쁨보다
더러는 여전히 침침하시다는 불편함을
덜어주지 못한 안타까움으로

내가 흘린 땀에 젖고
긴장의 순간들을 덮었으며
알코올과 소독액을 대신 몸에 묻혀

스스로 더럽혀지고 씻기기를 여러 해

이제는 쉴 때가 된
구멍 난 수술복을 마지막으로 입은 오늘
'제 허물 때문에 수술이 잘못되지 않게 하시고
환자와 그 가족들의 간절함을 읽으시어
마지막까지 수술이 잘 될 수 있기를' 기도하는

구멍 난 수술복의
낮은 목소리에 새삼
숙연해 본다

보스꼬안과

만남은 이별의 시작이므로
그리 즐거울 일도 아닙니다
이별은 새 만남의 시작이므로
그리 슬플 일도 아닙니다
어렵게 장만했던 라식 기계여
수없이 많은 눈 속을 들락거렸던 백내장 수술기계여
아내가 미국에서 사왔던 춤추는 조각 소품이여
이제는 다른 주인의 손과 발이 되어
수술을 하고 춤을 추어야 하는구나
손때 묻은 내 책상
병원 한 구석에
있는 듯 없는 듯 걸려 있던 액자들
잘 가라 모두 안녕
나와 함께 일했던 내 식구들
그대들을 가두었던 새장을 깨고 철망을 열었으니
이제는 새로운 세상으로 맘껏 날아가기를
병원 잘되고 원장님 건강하라고

아침저녁 기도 드렸다는 황 할머니

너무 고마웠다며 비타500 사 들고 오신 김 할머니

모두들 건강히 잘 계시기를

꽃잎이 돋는 것은

꽃잎이 지기 위함이요

꽃잎이 지는 것은 꽃잎 진 자리에

새 꽃잎이 돋으리라는 분명한 약속이니

헤어지는 모든 것은

새 만남을 위한 엄연한 시작이니

이제는 모두 안녕

내가 만들고

내 손으로 닫아버린

보스꼬안과

---

* 나는 2002년 2월 서울에 열었던 보스꼬안과를 10년 후인 2013년 3월 31일 닫았다. 그 다음날은 부활절 아침이었다.

박카스

눈 수술 후
세상이 흑백에서
칼라로 바뀌었다고
보광리 할머니는 오실 적마다
직접 기른 콩나물 챙겨다 주신다
수술비 다 받고
수술해 드렸는데
뭐가 고맙다는 것인지
염치도 없이
감사히 잘 먹겠습니다
넙죽 다 받는다
진료비 한 푼을 걱정하던 아주머니가
몰래 두고 간 박카스 한 병
저 박카스 때문에
목마를 일 다시 없겠다

산동네 사람들 · 1

산동네에 사시는
허리가 반으로 접힌 구십 할머니
어렵게 눈 수술을 해드렸는데
함께 오신 보호자 할아버지
눈이 어떠신가 검사해 보니
녹내장에 백내장에
할머니 눈보다 훨씬 나빠서
세상으로 열린 창이
거의 닫힐 지경이다
좀 보이시냐고 물었더니
나는 아직 잘 봅니더
우리 할멈 수술 잘해서 꼭 좀 보게 해주이소
할머니 손을 꼬옥 잡고 나가시는데
할머니가 넘어지실까 손 잡으신 건지
당신이 넘어지실까 꼬옥 잡으신 건지
산동네에 핀 사랑꽃은
세월 가도 시들지 않네

산동네 사람들 · 2

할아버지는 언제나
할머니의 휠체어를 잡고
할머니 가자는 대로
휠체어 밀며 병원에 오신다

할머니는 앞 못 보시는
할아버지의 눈이고
할아버지는 걷지 못하시는
할머니의 발이다

이 세상에 늦게 남는 이가
보지 못하는 발이 될까
걷지 못하는 눈이 될까
서로를 두고 먼저 갈 수가 없단다

지나온 육십 년 세월처럼
두 분이 함께하는 곳이면

휘적휘적 세상 어느 구석인들
못 갈 데가 어디 있을까
못 볼 것이 무어 있을까

소식 없네

몇 가닥 남은 시신경 줄에
무거운 생을 매달아 놓은
녹내장 엄씨 할아버지
그 전에 먹고 살 길 없어
도계탄광에 가니
쌀 배급 주고
두부도 주고 옷도 주고
먹고 살 만했다는데
방독면이 없던 시절이라
젖은 수건으로 코 막고
탄을 캐기 삼십 년
숨 한 번 쉬려면
산 하나 넘는 듯
온몸을 쥐어짠다
함께 탄 캐던 친구들
거의 다 저 세상에 가고
그나마 남은 몇

잠시 소식 뜸하면
또 죽은 거라 하는데
지난 가을 마지막 안약 타 가신 후
새 봄이 다 지나도록
엄씨 할아버지 여지껏
소식이 없네

도너스

간선도로 옆
낡은 트럭 세워놓고
찹쌀도너스 3개 천 원
때묻은 간판 내다 걸고
팔리거나 말거나 그는
개조한 트럭 뒷칸에서
말없이 도너스를 튀긴다
오가는 수많은 차들 중에는
어쩌다 가뭄에 콩 나듯
차 세우는 사람 있을 법도 한데
검게 절은 기름으로 튀겨낸
그의 도너스를 사먹는 사람을
나는 아직 본 적이 없다
천 원에 팔아 남은 몇백 원은
날마다의 끼니조차 힘에 겨울 텐데
딸아이의 책값
노모의 약값은 또 어찌 할까

그의 앞에 놓인 오늘이라는
하루를 잡아두기 위해
팔리지도 않는 도너스를
그는 종일 튀기고
또 튀기고 있다
뜨거운 기름 참아내고
세상에 태어난 도너스들이
제 갈 길 찾지 못하여
숨죽여 떨고 있는 사이
시들어 말라버린 그의 봄날이
저 멀리 바람에 날려가고 있다

시간이 멈추어 커피가 되다
— 카페 기와*

내가 이 집의 지붕이 된 이후로
집은 나이를 먹었다
수많은 봄날이 왔다가 가고
수많은 꽃들이 피었다 지던
백 년도 넘은 그 세월
바다를 닮은 감색 여름날들이
속절없이 댕겨가는 동안
담장 아래 지천이던 봉숭아와
마당을 휘젓던 꼬꼬닭과 검둥개
재잘대던 아이들은 모두 어디로 갔을까
가을밤 쏟아지던 청명한 초당 달빛
거친 눈보라와 대관령 힘센 바람은
내 몸 곳곳에
세월의 문양을 새겨
기와꽃을 피워냈는데
늘 새로 오는 아침
새소리에 잠을 깬

백일홍 수레국화 채송화

향달맞이 접시꽃 참나리가

오늘 하루를 감사히 반긴다

이제 옛 시간들은 흘러가지 않고

이곳에 멈추어

향 깊은 커피가 된다

---

*강릉 초당에 위치한 100년 넘은 한옥 커피집.
*기와꽃: 옛 토土기왓장이 눈비와 바람을 맞으며 오랜 세월을 견디고 나면 기와에 이끼가 끼었다가 마르기를 반복하면서 고색창연한 무늬가 생기는데 이를 기와꽃이 피었다고 함.

쓸데없는 걱정

하루 일 마치고
집으로 향하는 길
보세옷 가게 지나
조개구이 지나
자전거 점방 지나
핸드폰 가게 지나서
집으로 가는 길

추적추적 겨울비에
어둠이 일찍 내려와
가게마다 켜진 불이 더 휑한데
어느 가게 문 밖에서
가게를 비우고 떠난
지난번 주인도 여러 개 받았을
신장개업 리본을 매단 새 축하 화분들이
찬비 맞으며 떨고 서 있다

저 가게들이 오늘 하루

무엇을 먹고 살았는지

쓸데없는 걱정이

추적거리는 비에 번져

쓸데없이 추워진 저녁

장마

장맛비 굵게 내리는
오리백숙집 마당
손님들이 세워 놓은 승용차들 틈에
어색하게 트럭 하나 삐죽 서 있다
방금 점심을 마친 젊은 부부와 아이 둘
좁은 트럭 앞칸에 모두 오른다
긴 장마에 일거리 떨어진 아빠가
빗속에 일 못 가는 대신
아이들을 모두 싣고
모처럼 외식하러 나왔을 것이다
아이들은 손가락을 쭉쭉 빨며
맛있게 오리고기를 물었을 것이고
엄마는 열심히 살을 발랐을 것이다
한 번씩 큰 살점은 아이들 모르게
슬쩍 아빠 앞에 놓았을 것이다
잠시 동안 아빠는 살아갈 걱정 대신
세찬 빗줄기 속 쑥쑥 솟아오르는

푸른 죽순 같은 아이들을 보고
고기를 먹지 않아도 배불렀을 것이다
긴 장마 뒤에 숨어있는
쨍쨍한 햇살을 보았을 것이다

아름미용실

집도 몇 채 없는
촌동네를 지나다가
무슨 헤어 살롱이니
치장으로 어지러운 요즈음
촌티 나는 미장원 간판
화장기 없는 맨얼굴이
오히려 싱싱해서 신기했는데
이발소에나 어울릴 삼색등 돌아가는
오래된 단층 미용실 건물
햇살 좋은 옥상 위에서
흰 수건 여럿이 빨랫줄을 잡아 흔들고 있다
5월 속에서 헤엄치다 막 나온
눈부시게 푸른 햇살과
장미향 묻은 바람이 뚝뚝 떨어지는
저 하얗게 빛나는 수건으로
젖은 머리를 말리다 보면
세상이 다 행복해지겠다

저물녘

세월이 허리에 걸려
구부정하게 등 굽은 할머니
키보다 더 큰 폐지 묶음을 끌고
건널목을 건너는데
빨간 신호로 바뀐 지 오래건만
아직 반도 못 건넜다
위태위태하다

일 킬로에 백사십 원
십 킬로에 천사백 원
시장 안 강화식당 된장백반은 오천 원
저녁밥 값은 벌었는지
커다란 폐지 묶음에 끌려가는 할머니
오늘 하루 해 떨어지는 것이
아슬아슬하다

짧았던 사랑

바닷가 벤치 위
누군가가 버리고 간
일회용 플라스틱 컵에
아직 커피가 반이나 남아있다

입술을 포갰던
달콤함도 잠시였나
매혹적인 향기도
금방 싫증이 났던 것인가

어차피 너와의 뜨거움은
일회용이었는지
한 잔의 인연조차
다 못 비우고 떠났구나

바닷가 벤치 위에
누군가가 버린

짧았던 사랑 하나

가야 할 길을 잃고

종일 파도만 바라보고 섰다

진리는 너의 것

우리집 순둥이
삽사리 데리고
산책하는 길

동네 사람 몇이 뒤따라오며
―저게 세인트버나드지?
―저건 도사견이야
시골에는 저렇게 사나운 놈들을 키워야 해

삽사리도 맞고
세인트버나드도 맞고
도사견은 더더욱 맞다

제3부

성지순례 · 1
— 산 니콜라 성당*의 십자가

황토빛 돌로 지은
질박한 토분 닮은 작은 집에
예수님 살고 계신다
천 년도 넘게
손과 발 못에 박히신 채
눕지도 못하시고
높은 벽에 매달려
고개 떨구셨네
양손과 발을 뚫고 나온 못에
내 손발과 가슴이 찔려
아프다 많이
어느 천 년 세월
누가 저 못을 빼고
상처의 피를 닦아
그를 고이 눕혀드릴 것인가

---

* 이탈리아 시칠리아 섬의 아그리젠또에 위치한 작은 성당.

성지순례 · 2
― 팔레르모* 대성당의 개

팔레르모 대성당 가는 길
차가운 길바닥에서 졸던
늙은 개 한 마리
벌떡 일어나 꼬리치며
동방의 순례객들
앞장서 길을 이끄는데

주인도 집도 없는
걸인 행색의 저 개는
구백 년 전 이곳에 왔던
첫 순례자였던가

지금껏 순례지를
맴돌고 있는 그가
오늘은 개가 되어 묻는다
누구를 위해
무엇을 찾아

이곳까지 왔는지
내일은 또 다시
어디로 떠날 것인지

---

* 이탈리아 시칠리아 섬의 도시.

성지순례 · 3
― 아그리젠또* 신전들의 계곡에서

헤라클레스,
하늘도 들어 올렸을
그가 살던 신전은
무심한 선인장들이
새 주인이 되었고

대륙을 지배했던
황제의 집도
무너진 돌기둥 사이
지나던 바람이
차지했는데

먼 옛적
이 언덕에 버려졌던
올리브 씨앗 하나
이천 년 시공(時空)을 헤치고 나와
푸른 잎을 흔들어대며

순례객들을 반기네

---

*헤라, 제우스, 헤라클레스 신전들이 남아 있는 시칠리아의 도시.

성지순례 · 4
— 성인호칭기도

성인들을 한 분씩 호칭하며
저희의 기도를 들어주소서
성인들의 도움을 청하는 기도문이 있다

성지순례를 한다며
성인들의 무덤에 와 보니
베드로 성인은 십자가에 못 박히고
바오로 성인은 목이 잘리고
아가다 성녀는 젖가슴을 도려내는 형벌로
루치아 성녀는 자신의 눈을 뽑아
참혹한 고통으로 목숨을 버리셨는데

성인호칭 기도는 이제
바뀌어야 할 것 같다
'저희의 기도를 들어주소서' 가 아니라
'저희들의 작고 미미한 기도로
그들을 고통을 덜어주시고
위로해 주소서'

샌프란시스코 · 1

하늘도 찔렀을
죽어서도 곧게 뻗은 나무들이
겨울 해변에 떠내려와
찬 바닷물에 속절없이
몸을 내맡기고 있구나
멀리 태평양을 내려다보는
깎아지른 캘리포니아 절벽과
함께 했던 빛나던 태양
숲을 지배했던 곰들과
아름다웠던 새들의 노래 소리
오늘 세찬 겨울 파도에
이리 저리 모두 함께
떠밀려 다니는구나

샌프란시스코 · 2

지구 이쪽 끝
강릉 송정 앞바다
해송을 헤치고 나온 해가
내 마음을 퍼다가
지구 저쪽 끝
샌프란시스코 금문교 다리 아래
베이커비치 큰 파도의
흰 거품에 풀어낸다

아들아
오늘 하루도
아픈 데는 없고
밥은 잘 챙겨 먹었느냐

소리

일찍이 모세는
소리를 좇아 광야로 나갔고
엘리사는 소리를 따라 예언을 했는데
스페인에서 태어나신 강 신부님
스무 살에 부모형제 연인 다 버려두고
고향 떠나 만 리 바다 건너
듣보지도 못한 코리아
강원도 오지에서
장애인들 돌보며 늙어간다
그는 무슨 소리를 들은 걸까

소래포구 가는 길

월곶에서
소래포구 건너는 길은
아주 오래된 협궤 철교

그 다리 위엔 늘
일몰이 걸려 있어

소래포구 가는 길엔
그대 꼭 잡은 손을
놓지 말아야 해

아침바다에 나갔던
낡은 배 두 척이
저녁 무렵 지친 몸으로
이곳에 찾아 드는데

내 작은 소망 하나

붉게 지는 낙조 속에

그대와 함께

빠지는 일

장사도

한려수도 바다 위로 떠오른
오백 개도 넘는 섬 모두가
제각각 이름 하나씩 갖고 태어났는데
통영에서 뱃길로 한 시간
통영시 한산면 매죽리
누에를 닮았다는 진뱀이섬 장사도
걸어서 한 시간이면
온 섬을 다 돌아볼 수 있는
이 작은 나라에는 오십 년 전까지
14채의 집에 83명의 국민이 살았다는데
지금은 낡은 비석으로만 남은
선생님 한 분 이 섬에 와서
작은 교회를 지어 종을 매달고
한 칸 교실 학교에서 오르간을 치며
아이들과 함께 노래를 불렀다네

어른들은 바다로 나가

반짝거리는 햇살 속으로 그물을 던지고
아이들은 새처럼 재잘대며
구실잣밤나무 자라듯 쑥쑥 커갔던
동화 속 이야기처럼 예쁜 섬나라
해가 날마다 섬 사이로 떠올라서
바다 너머 한세월로 가라앉는 동안
사람들은 새가 되어 하늘로 날아갔고
키 작던 후박나무는 숲을 이루었네
오늘, 어김없는 봄이 또 다시 오려고
늦겨울 찬비가 말없이 내리고
그 옛날 파도 소리 지금껏 들려오는
섬아기집 앞 작은 언덕길 위에
동백꽃 흩어져 붉게 깔려도
배를 타고 바다 건너 멀리
세상으로 떠난 아이들은
다시는 섬나라에 돌아온 적 없다네

지상으로의 순례
— 글라라수녀원

강원도 양양 산골짝에
수녀님들 모여 산다
흰 눈이 예쁘게 내릴 것만 같은
평화가 고요처럼 쌓일 것 같은
별들조차 속닥이며
귀엣말 나눌 것 같은 산골짝에

지구별에 잠깐 머무른
순례자들이라고
순백의 마음조차 다 비우려
함께 기도하고 일하고 찬송하고
함께 기도하고 일하고 찬송하는데

겨울이 깃을 세우고
어둠처럼 몰려와도
내일은 백합꽃
환하게 피겠네

온 골짜기에 하얀 향기
가득 퍼지겠네

초당에 가면

초당에 가면
난설헌 살았던 옛집 건너
낮은 지붕과 지붕들이
좁은 골목을 만들고
그 길을 따라 흘러가던 세월들이
골목 끝 담벼락 밑에서
여울물로 맴도는데
버스 한 대 겨우 지나갈
초당원길 느린 풍경 속에
이제는 부동산도 치킨집도 생겨났고
옛 정미소에서는 커피를 볶고 있다
촌스런 붉은 간판 초당 중국집에서
눈 작은 아이가
아버지와 마주 앉아
행복한 자장면을 먹고 있는데
바닷물 동이에 이고 날라
초당두부 만들었던 옛집

무너진 담장 넘어 빈 마당에
살구꽃 홀로 피어
지는 봄을 붙들고 있네

북한산 바위

북한산 오르는 길에
이제는 반들반들해진 바위 하나
산을 오르는 모든 이의 거친 숨을
으샤 발바닥을 받치며
단단한 디딤이 되었지만
그 누구도 기억 못 한다, 그곳에
그의 발 딛게 한 바위 있었다는 걸

북한산 등산로
오랜 세월 밟히느라
모 닳은 너럭바위
사람들에게 제 등을 내주어
험한 산을 넘게 한 게
자신인 줄도 모르고, 저는
그냥 얼굴 없는 돌인 줄 안다

캄보디아 · 1
— 수상가옥

아이는 호수에다 똥을 누고
누이는 그 물에 얼굴을 씻고
아낙은 그 물로 밥을 짓는다
주소도 없다
골목도 없다
전봇대도 없다
배 하나 위에
온 생을 실어놓으면
어차피 삶이란
먹고 씻고 똥 누는 일이 아니겠는가
평생을 출렁거려도
피었다 지고
다시 피어나는 연꽃처럼
물 밑 어딘가 검은 뻘 속에
생명을 잇는 한 줄기 뿌리
단단히 가 닿아 있을 것이다

캄보디아 · 2

까만 아이들이
병아리처럼
강아지처럼
고양이 새끼들처럼
아무렇게 뛰어 노는데

30원짜리 과자 한 봉지에
황금빛 깃털보다 더 빛나는
세상 행복을 모두 가졌다

햇살처럼 밝은 아이들의
마른 어깨 위에 얹어진
때 묻은 궁핍조차
이곳에선 그냥
행복한 일상일 뿐

천 년 전 앙코르와트

광영 위로 떠올랐던 태양이
오늘도 어김없이
이 가난한 마을에 떠 오른다

캄보디아 · 3
— 시장에서

왱왱거리는 찻길 옆에
바게뜨 빵들이 흙먼지를 뒤집어쓴 채
누군가를 종일 기다려도
노점의 바나나가
헉헉거리며 혀를 빼물어도
뭉덩뭉덩 아무렇게 썰어놓은
붉은 고깃덩어리를
파리떼가 새까맣게 점령을 해도
상관할 바 없다
아무 일 없었던 것처럼
이곳 시간은 느리게 가니까

물도 없는 수족관 속에서
뱀처럼 꿈틀대던 물고기들이
마지막 숨을 뱉어 내는 사이
벌거벗은 갓난쟁이
해먹에 눕혀놓고

가게 지키는 아낙은
졸고만 있다

제4부

스무 살

너의 편지에 담긴 4월로
봄이 부풀고
버스 정거장에서
기다림은 자라나 꽃이 되었네
구름은 파란 하늘에
점 하나 찍지 못하고
네 작은 손까지 가는 길은
얼마나 멀던지
어느 고운 꽃잎으로도
물들일 수 없었던 너는
눈 시리게 하얀
도화지였네

산사山史*

그 산의 역사를
아무도 알지 못하네
어느 태곳적 뿌리에 가 닿았는지
더욱 알 리가 없네
먼 길 떠나온 구름이
잠시 앉아 쉬던
험난한 세월의 벌판 한가운데에
홀로 우뚝 솟은 산

세상의 노도에도
휩쓸리지 않고
비바람 눈보라에도
꿈쩍도 않고
온갖 새들과 작은 동물들
그 산에 집을 짓고
여리던 잡목들조차
아름드리가 되었는데

사람들은 알 리가 없네
산 그림자에 숨은 바다 모를 고독을
큰 산도 한번쯤은
허공에라도 기대고 싶다는 걸
해 떨어지는 노을 속
바람 불어가는 붉은 대지에
마지막 타는 외로움으로
큰 산 홀로 서있네
서 있을 뿐이네

---

* 산사山史) 김재홍 교수님.

바람부는 저녁

인적 없는 바닷가
파도가 흰 이빨을 드러내고
으르렁거리는 저녁

찢겨진
검정 폐비닐 조각이
머리칼을 풀고
솔밭 속을 돌아다닌다

어디로부터 비롯된 것인지
이 세찬 바람이
어디로 가는 것인지
아무도 모르는데

얼마나 춥고
얼마나 외로웠으면
저 근원도 모르는 흉흉한 바람을

따라 나선 것일까

날 저무는 바닷가로
검정 폐비닐 조각 하나
치맛자락 펄럭이며
정처 잃고 달려간다

재홍아 재홍아

늘 웃음으로 말했던
화내는 게 뭔지 몰랐던
누구에게나 따뜻했던
그래서 모두가 가까이 가고 싶어 했던
재홍아
그게 화근이었던가
모두가 싫어하는 무서운 병마조차
너와 친구를 하겠다고 했을 때도
그를 차마 내치지 못했던 바보
목숨을 건 오 년의 위험한 동반에도
언제나 의연히 당당하게
아무 일 없다는 듯 밝은 모습으로
너를 걱정하는 우리 모두를
오히려 위로했는데
재홍아 재홍아
사십칠 년 전 처음 만나
화동언덕에서 함께 공부하고 볼을 차고 놀거나

광화문 뒷골목을 쏘다닐 때에도
우리의 헤어짐은 세상에 없는 일인 줄 알았는데
이게 무슨 날벼락인가
어디를 그리 황망히 떠나가겠다는 것이냐
그러나
푸른 하늘 너머 그 어느 곳
흰 백합꽃들이 지천으로 피어 있고
따스한 햇살과 달콤한 바람이 머무는 곳에
네가 편히 쉴 곳이 있다면
허망하고 힘겨웠던 이승의 짐을 털고
투명한 날개를 달고 훨훨 날 수 있도록
가슴을 저미는 슬픔이 앞을 가리워도
오랫동안 잡았던 네 손을
이제는 가만히 놓아주어야 하리
잘 가라 재홍아
오늘의 헤어짐은
언젠가의 새 만남을 위한 시작일지니

언제 어디선가 우리가 다시 만나는 날엔

어릴 적 그때의 모습으로

함께 웃고 떠들고 노래도 부르자

잘 가라 이 나쁜 놈

재홍아 재홍아

---

* 내 친구 민재홍은 춘천에서 경기중학교에 들어왔다. 강릉에서 경기중학에 온 나와 함께 강원도 촌놈 둘은 일찍부터 잘 어울렸다. 착하고 공부 잘했던 재홍은 친구들 중 제일 건강해서 운동도 잘했고 산에 오를 때면 늘 앞장서서 우리들을 이끌었다. 지난 겨울 사랑하는 가족과 친구들을 남겨 두고 재홍이는 혼자 하늘나라로 떠났다.

설악

산이 내게 묻는다
내가 어디로부터
날아온 꽃씨인지

구름이 내게 묻는다
얼마나 더 많은 날을 떠돌아야
한곳에 머물 수 있는지

달빛이 내게 묻는다
밤새워 채워도
그리움은 왜
다 채워지지 못하는지

물이 내게 묻는다
얼마나 더 흘러가야
가장 낮은 곳에서
쉴 수 있는지를

천국아파트

예수님 말씀을 굳이 빌리지 않더라도
나는 분명히 말할 수 있다
우리가 죽어 천국에 갔을 때
천국에 있는 아파트에서
가장 넓고 전망 좋은 로열층에는
이 땅에서 병들고 가난했으나
그 누구도 원망 않고
착하고 아름답게 살았던 분들이 살게 될 것이라고

예수님 말씀을 굳이 빌리지 않더라도
나는 분명히 말할 수 있다
이웃에 화내고 속이고 상처를 주거나
대충대충 보통의 속된 삶을 살았다 해도
이 땅에서의 나날이 너무 고통스러웠다면
각자의 죄에 따른 얼마간의 방세는 내겠지만
그들 역시 천국아파트에 입주할 수 있을 것이라고

춥거나 덥거나 일 년 삼백육십오 일
힘들고 거친 일 허리 휘어질 때까지 일해도
먹고 사는 일조차 만만치 않은 분들에게
조금 더 배웠다고 선생님 소리 들으며
조금 더 배부르고 더 편히 산다는 게
때로는 민망하기도 송구스럽기도 하다

내가 죽어 행여 바늘귀를 통과하여
천국 근처를 얼씬거리게 된다면
천국아파트 지하층에 들어갈 자격은 있는 것일까
한 줄 햇살이 호사스러운 지하층에

복숭아나무

복사꽃 보고 싶어
앞마당에 심은 복숭아나무
첫해, 한쪽 큰 줄기가
소나무를 가린다고
다음 해, 다른 쪽 큰 줄기가
병이 들었다고
정원사는 생각도 없이
모조리 잘라버렸네
기이하게 바뀐 모습이 보기가 싫어
아예 밑동을 잘라내버리고
잘생긴 새 놈으로 다시 심으려 했는데
팔다리 잘린 장애가 되었어도
한쪽으로 기울어진 잔가지만으로
나무는 열심히 꽃을 피워냈네
탐스런 복사꽃 눈물겹게 터뜨렸네
두세 가닥 남은 가지로 피운 꽃이라서
봄날은 그 위에 더 오래 머무르리

누가 버렸을까

솔밭에 갈 곳 없는
강아지 두 마리
집 없는 떠돌이 검둥이 새끼들인데
어미는 어디 갔는지
종일 울고만 있다
세상에 나온 목숨들은
본시 땅덩이만큼 무겁다가도
때론 가랑잎보다 더 가벼워서
나는 공연히
저 강아지들에게 민망하다
어미를 버린 세상에다
또 다시 너희를 버린 이는 누굴까

제비꽃

인적 드문 산길
여기저기 제비꽃이
아무렇게 피었네

무구한 시간의 강을 타고
마침내 와 닿은 오늘에야
깊은 산중에서 날 만났네

인적 드문 산길
아무도 보는 이 없지만
제비꽃,
아무렇게 핀 게 아니었네

회양목

새가 날아와 쉴
작은 가지도 없고
평생 꽃 한 번 피울 줄 모르는
가진 건 볼품없이 빽빽한 잎뿐인
작은 키에 한참 못생긴 너를
세상은 본 체도 않았지만
대지를 덮었던 색색의 꽃들과
작은 벌레들조차 모두 숨어버린 지금
낮은 어깨를 서로 단단히 맞대고
기나긴 겨울에 맞서 대항하는 것은
오직 푸르게 빛나는 너 혼자뿐이구나

차 팔던 날

낮은 오르막에서도
쿨럭거리며 검은 기침
뱉어내는 너를 끌고
종일 돌아다녔지
한 푼이라도 더 값을 쳐주는
차 장사에게 팔기 위해
아침부터 저녁까지
덜컹거리며 힘들어하는 널
마지막까지 몰아세웠지
한 식구가 된 지 얼마 안 되었을 무렵
새 차에 익숙지 못한 아내의 실수로
집 앞 비탈길을 굴러
한참을 내려가 처박혀
제 몸은 박살이 나도
아내의 목숨을 구해놓고
석 달 동안 공장에 가 누웠던 너
함께 한 세월 내내

우릴 태우고 다녔던 곳곳 기억
고스란히 모두 다 내려놓고
핸드폰 속 얼굴 맞대고 찍은
작별인사 한 장 남기고
껍데기만 남은 병든 몸으로
너는 그렇게 팔려갔지

그늘 속 철쭉

어쩌다
햇살 한 줄 없는
돌담 그늘에서 태어나
가지도 잎도 말라 비틀어져
깜빡 죽은 줄 알았는데
봄이라고
끈질긴 목숨이라고
두어 송이 가난한
붉은 꽃을 피워냈네
지난 겨울을 용케 넘어와
그늘 속에 피어난 철쭉
두어 송이 꿋꿋한
처연한 봄이 되었네

찰리

산동네 공터에
나팔꽃 금잔화 쑥부쟁이 산국화
누가 돌보지 않았어도
저 혼자 싹을 틔워
저 혼자 피어났다

찰리가 공터에서
껑충 뛰어 놀더니
삽살개 긴 털 속에
꽃씨들이 꼭꼭
몰래 숨는다

찰리, 사내녀석이
내년에는 온몸에
꽃단장 하게 생겼다
머리에는 금잔화 꽂고
앞다리에는 나팔꽃 붙이고

해변 묘지

바닷가 솔밭 산책로 옆에
묵은 묘 하나
오래전 파도와 싸우던 어부가
그 속에 누웠을까

갈대 헝클어진 저 봉분을
누가 잃어버렸는지
언제부터 홀로였는지
아무도 상관 않네

이 길 위의 누구라도
언젠가는 홀로 남아
무너져가는 저 봉분처럼
처절히 잊혀질 터인데

먼 훗날
눈부시게 푸른 오월의 하늘 아래

나는 또 어느 산모퉁이를 돌아

이름 없는 묘가 되어

잡풀 속에 누울 것인가

새 봄

환한 불빛 아래서도
자꾸만 등을 켜라 하시는
빛 한 줄 들일 틈 없는
저 쪼그라든 노인의 두 눈에도
복사꽃 흐드러지며
떨어져 박히던 때가 있었다
잃어버린 봄날들 위로
새 봄 이미 만발인데
여태 복사꽃 안 피었다고
노인은 또 봄을 재촉한다

노랑꽃창포

말끔하게 가꾸어진
바닷가 공원 잔디밭에
뜬금없는 잡초 하나
슬몃 고개를 내밀었다

이곳에서는 모두
제초제의 밥이 되거나
잔디 깎는 기계에 목이 잘리기 일수인데
관리인이 게으름을 피웠는가
용케 목숨을 부지했구나

어디 먼 곳에서 날아와
촘촘한 잔디 사이를 헤집은 것도 기특한데
며칠 사이 노란 꽃을 피웠다
당신을 믿는다는 꽃말처럼
무얼 믿고 목숨 걸고
저리 당당히 꽃을 피웠을까

노랑꽃창포가 피었다

작품 해설

귀향의 서사, 그 '오래된 미래'에의 회귀

이 성 천

(문학평론가 · 경희대 교수)

1. 시, 위대한 거절 혹은 오래된 미래

　정의홍의 새 시집 『북한산 바위』는 무릇 귀향의 서사라고 부를 만하다. "어느 해 봄 서울 큰살림 다 버려두고/막역하게 바닷가 내가 태어난 곳/강릉으로 돌아왔다"는 시인의 고백이 일단 그러하거니와, "나는 집으로 돌아오기까지/부평초 닮은 구름처럼/너무 오래 떠돌았구나"(「길 잃은 강아지처럼」)라는 서정적 주체의 나직한 읊조림이 일견 그러하다. 뿐만 아니라 시집의 초입에서부터 웅성거리는 질박한 강원도 사투리가 그러하고, 시편의 전반에 즐비하게 들어 선 아름다운 "고향 풍경화"가 그러하며, 무엇보다도 "나는 한 오백 년/솔향에 살어리랏다"(「솔향에 살어리랏다」)라는 시적 화자의 선언은 이를 분명하게 뒷받침한다. 마치 "오호츠크해 심해를 휘젓던 연어가/생을 마칠 무렵 제가 깨어난 남대천으로 올라오듯", 시인은 자신의 "몸에 각인된 옛 맛과 냄새를 따라" "이제야 그처럼" 생의 진원지에로 거슬러 오르고 있었던 것이다.

새 시집에 "강문" "안목" "핸다리" 마을 등 고향의 구체적 지명과 "하슬라" "솔향"과 같은 전래의 이름들이 꾸준하게 등장하는 것도 이러한 사정과 무관하지 않다. 아울러 유년의 풍요로운 추억을 간직한 채 동해 바닷가를 서성거리는 시인의 모습이 자주 목격되는 원인도 여기서 비롯된다. 이번에 시인은 고향의 '장소성'이 환기하는 넉넉하고 푸근한 서정을 바탕으로, 이른바 귀향의 서사를 적극적으로 펼쳐 보이고 있는 것이다.

그렇다고 해서 이 말은 정의홍의 시편들이 고향에 대한 애틋한 감정을 집중적으로 전언하는 데 그치고 있다거나, 유년의 그리운 지대를 반복적으로 재현하는데 전적으로 바쳐진다는 뜻은 아니다. 더욱이 정의홍의 시세계에서 귀향은 단순히 물리적 이동과 공간적 일탈을 결코 지시하지 않는다. 그보다도 그의 시에서 귀향은 사실적 삶의 차원을 넘어 일련의 정신적 행위와 관련된다. 가령, "그 옛날 안목에 가고 싶다"(「안목에 가고 싶다」)의 시구와 "물이 내게 묻는다/얼마나 더 흘러가야/가장 낮은 곳에서 쉴 수 있는지를"(「설악」)의 부분, 그리고 "소년은 이제/자전거를 타고/천방둑을 달릴 수가 없는데"(「천방둑」)라는 대목들은 현재 정의홍의 시의식이 어디를 향하고 있는지를 선연하게 보여준다. 시인에게 귀향은 순수와 영원의 시간이 공존하는 "그 옛날" 삶의 조화로운 풍경을 기억하는 방식이자, 거기서 인간의 고유한 본성과 마주하는 작업이며, 나아가 우리 삶의 공동체적 가치와 질서를 적시하고 회복하는 마음의 결정적인 계기로 인식되고 있는 것이다.

금번 정의홍의 시집이 귀향의 서사로 구조되었다함은 바로 이러한 의미에서이다. 이즈음 그의 시는 귀향이라는 실제적 '사건'을 매개하여 인간 삶의 정체성과 인생의 보편적 이치에 대한 철학적 사유를 진지하게 전개한다. 이런 측면에서 정의홍의 귀향 혹은 그의 귀향의식은 '위대한 거절'의 행위이자 동시에 '오래된 미래'를 찾아가는 시적 여정이라 하겠다. 시인에게 시적 귀향이란 이율배반적 물질문명의 달콤한 유혹을 단호히 거부하는 서정정신의 결연한 몸짓이자, 그동안 우리 시대가 훼손하고 망각했던 저 오래된 삶의 본원적 영토로 서둘러 복귀하고자 하는 시(詩)의 미래적 행보에 다름 아니기 때문이다.

2. '인간적인, 너무도 인간적인' 사람아! 사람아!

정의홍 시인이 "보스꼬안과"와 함께 했던 서울생활을 마치고 고향 강릉으로 돌아온 것이 2013년이니, 어느덧 만 5년의 세월이 흘렀다. 그 사이에 시인은 "강릉 초당에 위치한 100년 넘은 한옥 커피집" "카페 기와"(「시간이 멈추어 커피가 되다」) 에

다녀왔고, "여기 강문의 밤바다"(「강문에서」)와 "주문진 밤바다"(「오징어잡이 배」)를 방문했으며, "촌티 나는 미장원 간판"을 단 "아름 미용실"(「아름 미용실」)과 "보세옷 가게"와 "자전거 점방"과 "핸드폰 가게"를 지나치며 "저 가게들이 오늘 하루/무엇을 먹고 살았는지/쓸데없는 걱정"(「쓸데없는 걱정」)을 했다. 또 여전히 그는 안과의사로서 "몇 가닥 남은 시신경 줄에/무거운 생을 매달아 놓은 녹내장 엄씨 할아버지"(「소식 없네」)와 "눈 수술 후/세상이 흑백에서/칼라로 바뀌었다"던 "보광리 할머니"와 "진료비 한 푼을 걱정하던 아주머니"(「박카스」)를 정성껏 진료했으며, 가끔씩은 "우리집 순둥이/삽사리 데리고/산책하는 길"(「진리는 너의 것」)에 오르기도 했다. "6일 간 밤낮을 쉬지 않고" "퍼붓는 눈발"(「폭설」)을 생애 최초로 경험한 것도, "아이는 호수에다 똥을 누고/누이는 그 물에 얼굴을 씻고/아낙은 그 물로 밥을 짓는"(「캄보디아·1」) 대자연의 순환론적 섭리를 "캄보디아"의 "수상가옥"에서 배운 것도, "산사" 김재홍 선생을 만나기 위해 서울 나들이에 나선 것도 물론 이 무렵의 일이다.

눈 수술 후/세상이 흑백에서/칼라로 바뀌었다고/보광리 할머니는 오실 적마다/직접 기른 콩나물 챙겨다 주신다/수술비 다 받고/수술해 드렸는데/뭐가 고맙다는 것인지/염치도 없이/감사히 잘 먹겠습니다/넙죽 다 받는다/진료비 한 푼을 걱정하던 아주머니가/몰래 두고 간 박카스 한 병/저 박카스 때문에/목마를 일 다시

없겠다
―「박카스」전문

　산동네에 사시는/허리가 반으로 접힌 구십 할머니/어렵게 눈 수술을 해드렸는데/함께 오신 보호자 할아버지/눈이 어떠신가 검사해보니/녹내장에 백내장에/할머니 눈보다 훨씬 나빠서/세상으로 열린 창이 거의 닫힐 지경이다/좀 보이시냐고 물었더니/나는 아직 잘 봅니더/우리 할멈 수술 잘해서 꼭 좀 보게 해주이소/할머니 손을 꼬옥 잡고 나가시는데/할머니가 넘어지실까 손 잡으신 건지/당신이 넘어지실까 꼬옥 잡으신 건지/산동네에 핀 사랑꽃은/세월 가도 시들지않네
―「산동네 사람들·1」전문

　할아버지는 언제나/할머니의 휠체어를 잡고/할머니 가자는 대로/휠체어 밀며 병원에 오신다//할머니는 앞 못 보시는/할아버지의 눈이고/할아버지는 걷지 못하시는/할머니의 발이다//이 세상에 늦게 남는 이가/보지 못하는 발이 될까/걷지 못하는 눈이 될까/서로를 두고 먼저 갈 수가 없단다//지나온 육십 년 세월처럼/두 분이 함께 하시는 곳이면/휘적휘적 세상 어느 구석인들/못 갈 데가 어디 있을까/못 볼 것이 무어 있을까
―「산동네 사람들·2」전문

　이전 시집 『천국아파트』의 해설에서 김재홍 교수는 정의홍 시인의 시편들을 가리켜 "자기성찰을 전개하고 더 깊이 있는

삶, 인간적인 너무도 인간적인 삶을 지향"한다고 정의한 바 있다. 특유의 유연한 상상력을 바탕으로 삶의 단면들을 차분하게 응시하며 인생의 참된 의미를 전 방위적으로 탐색하는 시인의 시세계를 그는 이렇게 표현한 것이다. 실제로 이제까지 발표된 정의홍의 시편들은 세상의 다채로운 모습을 여유롭게 관조하는 시작(詩作) 태도를 견지하면서도, 한편으로 인간의 '근본 기분'(하이데거)과 우리 삶의 가장 근원적인 문제들을 예리하게 포착하는 양상을 보여준다. 그의 시는 우리 주변에서 흔히 목도할 수 있는 평범한 일상의 풍경들을 소재로 삼아 사랑과 연민, 인정과 배려, 순수와 고독 같은 인간의 고유한 정서와 삶의 비의를 소박하지만 맑고 따뜻한 언어로 투명하게 노래하고 있는 것이다. 이런 정의홍 시세계의 예민한 감각과 사유는 이번에 발표된 『북한산 바위』에서도 여실히 확인할 수 있다. 특히 과장과 초월, 계몽과 설득의 포즈를 취하지 않으면서도 우리네 삶의 진실을 적확하게 들춰내는 시인의 솜씨는 새 시집에서도 여지없이 발휘된다.

위의 인용 시편들은 "병원"에서 일어났던 에피소드를 간결하게 시화한 작품이다. "녹내장" "백내장"과 같은 병리학적 용어와 "검사" "치료" "진료비" "수술비" 등의 의술 행위 및 의료 관련 어휘는 이 작품들이 병원이라는 특정 장소를 중심으로 구성되어 있음을 우회적으로 보여준다. 시인의 분신인 화자는 거기서 "검사"와 "치료"라는 자신의 역할에 충실하다. 또 당연하게도 환자와 "보호자"는 이에 대한 대가로 "진료비"와 "수술비"를 지불한다. 시적 정황상, 정의홍의 시세계는 "사람들"로 분주하며 그의 "병원"은 '정상영업' 중인 것이다.

하지만 위의 인용 시들이 궁극적으로 드러내고자 하는 바는 정작 이런 것들이 아니다. 아니, 정의홍 시세계가 "사람들"로 분주하며 '정상영업' 중이라고 말할 수 있는 보다 근본적인 이유는 따로 있다. 무엇보다도 그것은 시편에 등장하는 순정한 "사람들"과 그들의 겸손하고 진실된 삶의 태도에서 연원한다. "수술비 다 받고/수술해 드렸는데/뭐가 고맙다는 것인지" "직접 기른 콩나물"을 추가 '지불' 한 "보광리 할머니"의 감사와 인정의 마음, 순수와 겸허의 덕목을 "몰래 두고 간 박카스 한 병"에 이월시킨 "아주머니"의 속내에서 연유한다. "당신"은 "세상으로 열린 창이/거의 닫힐 지경"이면서도 "나는 아직 잘 봅니더/우리 할멈 수술 잘해서 꼭 좀 보게 해주이소"라고 말하던 산동네 할아버지의 사랑과 희생, "할머니는 앞 못 보시는/할아버지의 눈이고/할아버지는 걷지 못하시는/할머니의 발"이 된 "두 분"의 상호 이해와 배려에서 기인한다.

이 시구들은 공히 노동과 임금, 상품과 자본의 〈교환가치〉가 제1의 작동원리로 통용되는 각박하고 메마른 현대자본주의 체제에서 인간의 본성을 지속적으로 환기한다는 점에서 친연성을 지닌다. 사랑과 인정, 무욕과 배려의 정서로 가득한 그들의 내면은 분명 인간의 고유한 심성을 진원지로 두고 있다. 「박카스」와 「산동네 사람들」 연작에서 연신 쏟아져 나오는 사람들과 그들 삶의 온기는 우리 모두가 진정으로 기억하는 마음 속 고향의 원초적 '살림' 이 아닐 것인가. 「박카스」와

「산동네 사람들」이 "사람들"로 분주하고 그곳 "병원"이 '정상영업' 중이라고 비유적으로 말할 수 있었던 근거도 이 근방에 놓인다. 부질없는 욕망의 환각만이 팽배해진 오늘날의 현대사회에서 눈물나게 착하고 순박한, 그래서 '인간적인, 너무도 인간적인' 그들의 모습은 인간 존재의 맨얼굴을 떠오르게 한다. 노동과 현실수행원칙으로부터 인간화의 미덕을 빼앗긴 현실에 비춰보면, 저 "사람들"의 아름다운 삶이야말로 오롯이 '정상영업' 중인 것이다.

> 병원 잘되고 원장님 건강하라고/아침저녁 기도 드렸다는 황 할머니/너무 고마웠다며 비타500 사들고 오신 김 할머니/모두들 건강히 잘 계시기를
> ―「보스꼬안과」 부분

> 스페인에서 태어나신 강 신부님/스무 살에 부모형제 다 버려두고/고향 떠나 만 리 바다 건너/들보지도 못한 코리아/강원도 오지에서/장애인들 돌보며 늙어간다
> ―「소리」 부분

> 강원도 양양 산골짝에/수녀님들 모여 산다/흰 눈이 예쁘게 내릴 것만 같은/평화가 고요처럼 쌓일 것 같은/별들조차 속닥이며/귀엣말 나눌 것 같은 산골짝에//지구별에 잠깐 머무른 순례자들이라고/순백의 마음조차 다 비우려/함께 기도하고 일하고 찬송하고/함께 기도하고 일하고 찬송하는데
> ―「지상으로의 순례-글라라 수녀원」 부분

까만 아이들이/병아리처럼/강아지처럼/고양이 새끼들처럼/아무렇게 뛰어 노는데//30원짜리 과자 한 봉지에/황금빛 깃털보다 더 빛나는/세상 행복을 모두 가졌다

—「캄보디아 · 2」 부분

성인들을 한 분씩 호칭하며/저희의 기도를 들어 주소서/성인들의 도움을 청하는 기도문이 있다//(…중략…)/성인호칭 기도는 이제/바뀌어야 할 것 같다/ '저희의 기도를 들어주소서' 가 아니라/ '저희들의 작고 미미한 기도로/그들의 고통을 덜어주시고/위로해 주소서'
—「성지순례 · 4-성인호칭기도」 부분

한편, 정의홍의 시세계를 분주하게 만드는 사람들은 비단 "보광리 할머니"와 "아주머니"와 "산동네"의 노부부만이 아니다. "병원 잘되고 원장님 건강하라고/아침저녁 기도드렸다는 황 할머니/너무 고마웠다며 비타500 사들고 오신 김 할머니"(「보스꼬안과」), "강원도 오지에서/장애인들 돌보며 늙어가는" "스페인에서 태어나신 강 신부님"(「소리」), "강원도 양양 산골짝"의 "글라라수녀원"에서 "순백의 마음조차 다 비우려/함께 기도하고 일하고 찬송하는" "수녀님"(「지상으로의 순례」)도 정의홍 시세계의 '분주함'에 일조한다. 하물며 시인이 주관하는 "사람들"의 모임에는 먼 나라 "캄보디아"의 "병아리처럼/강아지처럼/고양이 새끼들처럼/아무렇게 뛰어노는" "까만 아이들"(「캄보디아 · 2」)조차 동참하고 있다.

그들이 자연스럽게 정의홍 시의 현장에 드나들 수 있는 사연은 의외로 간단하다. 이들 역시 '인간적인, 너무도 인간적인' "사람들"이기 때문이다. 예컨대 그들이 들고 있는 선물 꾸러미가 "콩나물"이면 어떻고, "박카스"면 어떠하며, 또 "비타500"이면 어떨 것인가. 더하여, 이들 삶의 터전이 "스페인"이든 혹은 "코리아"나 "캄보디아"이든 그게 무슨 상관이란 말인가. 그것들 모두는 인간에 대한 예의와 순수의 마음을 표상하는 시적 상관물이라는 점에서 동일성을 지닌다. 아울러 인간 공동체가 애초에 기획했던 〈교환가치〉의 진정한 의미를 획득하고 있다는 점에서 일치한다. 이기적 문명의 왜곡된 논리를 넘어서는 마음과 정신이야말로 인간 존재가 지상에서 본래적으로 추구했던 〈제1의 작동원리〉가 아닐 것인가. 그것이야말로 인간에 의한, 인간을 위한, 우리 인간의 품격이 아니던가.

사정이 이러하다면, 단언컨대 정의홍 시세계의 "사람들"은 그 자체가 우리에게는 '선물'이고 희망이다. 정갈하고 순결한 마음이 운영하는 그들 삶의 터전은 있는 그대로 "산니콜라(San Nicola) 성당"(「성지순례·1」)과 "팔레르모 대성당"(「성지순례·2」), "아그리젠또 신전"(「성지순례·3」)에 못지않은 숭고한 "신전"이며 거룩한 "성지"이다. 이제껏 정의홍 시인이 자신의 시편에 "사람들"을 "한분씩 호칭하며"(「성지순례·4」) 불러들인 내막도 여기에 있었으리라. 시인은 그들의 삶을 통해 오늘날의 현대적 일상인들은 갈수 없는, 그러나 우리 인간이 언젠가는 가야만 할 마음의 신전, 그 오래된 정신의 고향을 복원하고 있었던 것이다.

3. "쓸데없는 걱정"과 '연민'의 정체

분명, 정의홍의 시에는 "사람들"이 모여 산다. 그 사람들은 모두 착하고 정직하며 겸손하다. 순박하고 인정이 많다. 그래서 오히려 시인은 항상 "걱정"이 많다. 그들의 삶에 대한 염려와 안타까움이 끊이질 않는다.

> 추적추적 겨울비에/어둠이 일찍 내려와/가게마다 켜진 불이 더 휑한데/어느 가게 문 밖에서/가게를 비우고 떠난/지난번 주인도 여러 개 받았을/신장개업 리본을 매단 새 축하 화분들이/찬비 맞으며 떨고 서 있다//저 가게들이 오늘 하루/무엇을 먹고 살았는지/쓸데없는 걱정이/추적거리는 비에 번져/쓸데없이 추워진 저녁
> ―「쓸데없는 걱정」부분

> 그의 도너스를 사먹는 사람을/나는 아직 본적이 없다/천원에 팔아 남은 몇 백원은/날마다의 끼니조차 힘에 겨울 텐데/딸아이의 책값/노모의 약값은 또 어찌 할까/그의 앞에 놓인 오늘이라는/하루를 잡아두기 위해/팔리지도 않는 도너스를/그는 종일 튀기고/또 튀기고 있다
> ―「도너스」부분

> 일 킬로에 백사십 원/십 킬로에 천사백 원/시장 안 강화식당 된장백반은 오천 원/저녁밥 값은 벌었는지/커다란 폐지 묶음에 끌려가는 할머니/오늘 하루 해 떨어지는 것이/아슬아슬하다
>
> ―「저물녘」 부분

이상한 말이지만, 정의홍 시세계의 한 특징은 "쓸데없는 걱정"이 너무 많다는 점이다. 그의 시는 "하루 일 마치고 집으로 가는 길"(「쓸데없는 걱정」)에서도, "간선도로 옆/낡은 트럭"(「도너스」)을 지날 때에도, "저물녘" "건널목을 건너는"(「저물녘」) 순간에도 걱정이 떠나지를 않는다. 시인의 걱정이란 가령, 이런 것이다. "천원에 팔아 남은 몇 백원은/날마다의 끼니조차 힘에 겨울 텐데/딸아이의 책값/노모의 약값은 또 어찌 할까", "저 가게들이 오늘 하루/무엇을 먹고 살았는지", "시장 안 강화식당 된장백반은 오천 원/저녁밥 값은 벌었는지" 등등. 이외에도 "지난 가을 마지막 안약 타 가신 후/새봄이 지나도록" "여지껏 소식이 없는" "엄씨 할아버지"(「소식 없네」) 걱정, "배를 타고 바다 건너 멀리/세상으로 떠난 아이들"(「장사도」) 걱정, 급기야는 "오징어잡이 배" 선원의 "자식 걱정 노모 걱정"(「오징어잡이 배」)과 "긴 장마에 일거리 떨어진 아빠"의 "살아갈 걱정"(「장마」)마저도 시인은 대신 "걱정"해주고 있다. 그야말로 정의홍의 시편들은 "쓸데없는 걱정"이 범람하고 있는 형국이다. 한 가지 주목할 것은 이러한 정의홍의 "걱정"은 매번 연민의 정서를 동반한다는 점이

다. 이 사실은 매우 중요한데, 왜냐하면 여기에는 정의홍 시세계의 주조 공법이 압축되어 있는 까닭이다.

흔히 연민(pity)은 동정(sympathy) 혹은 공감(empathy)과 별다른 구분 없이 사용된다. 그러나 엄밀하게 말해서 연민은 나머지 감정들과 의미의 결이 다르다. 한 예로 생철학의 영역에서 연민은 인간 삶의 윤리적 기초가 되는 근본감정으로 규정된다. 이는 동정이나 공감과 달리 연민이 일시적 정서반응의 수준을 넘어서고 있음을 지시한다. 다시, 하이데거 식으로 정리하자면 연민은 인간 존재의 '근본 기분' 같은 것이다. 따라서 연민은 인간의 '즉자적' 감정의 결과물이 아니다. 그것은 주체의 감정 동요가 완전히 사라진 후에 나타나는 자기의식의 확신 단계이다. 특히 연민은 자기 자신(자기 연민)을 대상으로 할 수 있다는 측면에서, 특정 타자에 대한 관계성의 차원을 넘어 세계 전체를 긍정적인 시선으로 바라보는 실존의 따뜻한 마음과 항시적으로 연결된다.

정의홍 시세계의 연민도 저러한 실존의 '마음'에서 멀리 떨어져 있지 않다. 그의 시에서 연민은 사회적 약자에 대한 섣부른 동정(sympathy)과 범박한 공감(empathy)의 침전물이 아니다. 시인의 연민은 세계를 무한 긍정하는 시의식의 발로이다. 지금, 여기의 삶과 진정으로 소통하려는 감정의 통로이다. 정의홍에게 연민이란 염려와 걱정과 안타까움의 정서들이 내면의 정화를 거쳐 도달한 근본감정, 그 원초적 마음의 또 다른 문양인 것이다. 정의홍의 시세계가 대립과 부정, 질타와 모순과 위계의 시적 자재들을 배제하고, 사랑과 이해,

배려와 겸손과 희생의 마음으로 축조된 배경도 이런 사실에서 기원한다. 더불어, 시인의 "쓸데없는 걱정"이 최종적으로는 "쓸데없는 걱정"이 되지 않는 필수 요인도 이 때문이다. 세계 내 존재를 적극적으로 이해하고 수용하는 시인의 연민은 현재 자기 확신의 단계에 접어들고 있는 것이다.

그러기에 이제, 시인은 다음과 같이 "분명히" 말한다. "예수님 말씀을 굳이 빌리지 않더라도/나는 분명히 말할 수 있다", "우리가 죽어 천국에 갔을 때/천국에 있는 아파트에서/가장 넓고 전망 좋은 로열층에는/이 땅에서 병들고 가난했으나/그 누구도 원망 않고/착하고 아름답게 살았던 분들이 살게 될 것이라고"(「천국아파트」). 다소간의 비약이 허용된다면, 시인의 "사람들"은 이미 "천국"에서의 삶이 예약되어 있다.

> 예수님 말씀을 굳이 빌리지 않더라도
> 나는 분명히 말할 수 있다
> 우리가 죽어 천국에 갔을 때
> 천국에 있는 아파트에서
> 가장 넓고 전망 좋은 로열층에는
> 이 땅에서 병들고 가난했으나
> 그 누구도 원망 않고
> 착하고 아름답게 살았던 분들이 살게 될 것이라고
>
> 예수님 말씀을 굳이 빌리지 않더라도
> 나는 분명히 말할 수 있다

이웃에 화내고 속이고 상처를 주거나
대충대충 보통의 속된 삶을 살았다 해도
이 땅에서의 나날이 너무 고통스러웠다면
각자의 죄에 따른 얼마간의 방세는 내겠지만
그들 역시 천국아파트에 입주할 수 있을 것이라고

춥거나 덥거나 일 년 삼백육십오 일
힘들고 거친 일 허리 휘어질 때까지 일해도
먹고 사는 일조차 만만치 않은 분들에게
조금 더 배웠다고 선생님 소리 들으며
조금 더 배부르고 더 편히 산다는 게
때로는 민망하기도 송구스럽기도 하다

내가 죽어 행여 바늘귀를 통과하여
천국 근처를 얼씬거리게 된다면
천국아파트 지하층에 들어갈 자격은 있는 것일까
한 줄 햇살이 호사스러운 지하층에
—「천국아파트」 전문

「천국아파트」는 제목이 주는 평안함과 시 전반에 배어 있는 서정적 주체의 '단호함'이 은근히 짝을 이루는 작품이다. 그것은 이 시가 "쓸데없는 걱정"이 곰삭혀진 이후의 안정적인 시인의 심리상태를 입체적으로 제시하는 까닭이다. 이 시에서 먼저 우리는 앞선 시편들에 등장했던 소외계층의 "병들고 가난했던" 존재들을 다시 만날 수 있다. "춥거나 덥거나 일 년 삼백육십오 일/힘들고 거친 일 허리 휘어질 때까지 일

해도/먹고 사는 일조차 만만치 않은 분들", 그 "사람들" 말이다. 그런데 그들은 현재 "천국아파트" "입주"를 눈앞에 두고 있다. 그것도 "천국에 있는 아파트에서/가장 넓고 전망 좋은 로열층"을 선점하고 있다. 그렇다면 이 같은 상황의 역전 현상은 어떻게 가능했던 것일까.

이미 눈치 챘겠지만, 한 가지 실마리는 작품의 표층에서 연속적으로 흘러나오는 시인의 확신에 찬 "말들"에서 얻을 수 있다. "이웃에 화내고 속이고 상처를 주거나/대충대충 보통의 속된 삶을 살았다 해도/이 땅에서의 나날이 너무 고통스러웠다면/각자의 죄에 따른 얼마간의 방세는 내겠지만/그들 역시 천국아파트에 입주할 수 있을 것"이라는 대목이 바로 여기에 해당한다. 이 장면에는 삶을 무한 승인하는 시인의 연민이 개입하고 있다. 어떤 삶이든, 누구의 인생이든 그 자체로 더 없이 소중하고 나름의 의미를 지닌다는 정의홍의 세계 인식이 걸터앉아 있다. 이를테면 "아이들을 모두 싣고/모처럼 외식"하던 「장마」 속 '아빠와 엄마'의 삶에는 고단함이 묻어있지 않을 것인가. 그럼에도 세계를 대긍정하는 시인에게 이들 가족사의 눅눅함이란, 고작해야 긴 인생길에서 보면 한바탕 '장마'에 불과하지 않을 것인가. 그러기에 시인은 "방금 점심을 마친 젊은 부부와 아이 둘"은 "긴 장마 뒤에 숨어 있는/쨍쨍한 햇살을 보았을 것"이라고 단언하지 않았던가. 그들 가족의 모습에서 세상살이의 고달픔보다는 숭고한 사랑과 희생과 배려의 정신의 깃들어 있는 가족애를 읽으려 했던 것이 아니던가. 그리고 이 모습이야말로 우리가 기억하는 이상적인 "천국"에서의 한때가 아닐 것인가. 결국 "세찬 빗줄기 속 쑥쑥 솟아오르는" '트럭 가족'의 서로에 대한 배려와 존중과 헌신, "보광리 할머니"와 "아주머니"를 위시한 "사람들" 마음의 이력은 다름 아닌 "천국아파트"에 입주할 수 있는 자격 여건이자 내용증명서였다.

이렇게 보면, 정의홍 시인에게 "천국"은 적어도 "동화 속 이야기"(「장사도」)가 아니다. 시인의 말마따나 "천국"은 "착하고 아름답게 살았던 분들이 살게 될" 삶의 최종 행선지이다(기실, 인간존재에게 주어진 가장 확실한 '미래적 사건'은 죽음이다). 시인에게 "천국"이란 "조금 더 배웠다고 선생님 소리 들으며/조금 더 배부르고 더 편히 산다는 게/때로는 민망하기도 송구스럽기도 하다"는 자기 성찰과 세계에의 연민이 마련한 삶의 연장선상에 위치한다. 그러니, 정의홍의 시세계에 삶과 죽음, 성과 속, 빈부귀천, 자아와 세계의 이분법적 경계 따위가 애당초 있을 리 만무하다. 시인의 반성적 사유와 연민의 정서는 우주적 세계관을 경유하며 인간과 자연, 사물과의 상상적 소통마저도 가능하게 한다. "한쪽으로 기울어진 잔가지만으로" "열심히 꽃을 피워"(「복숭아 나무」)내는 "복숭아나무"의 생의 의지를 바라보는 일, "아무렇게 피어" 있는 듯한 "제비꽃,/아무렇게나 핀 게 아니었네"(「제비꽃」)라며 자연사물과 교감하는 일, "구멍난 수술복의/낮은 목소리에 새삼/숙연"(「구멍난 수술복」)해지는 일, "단단한 디딤이 되었지만/그 누구도 기억 못한다"(「북한산 바위」)는 "북한산 바위"에 점차적으로 동화되어가는 시인의 마음이 이 지점에

놓여 있음은 물론이다.

4. "때 묻을 수 없는 영혼"들을 위한 기도

　일상의 쓸쓸하고 적막한 풍경을 소재로 삼아 인간 삶의 진정한 가치를 밀도 있게 표출하는 수준의 시 쓰기란 사유의 공들인 훈련 없이 쉽사리 이루어지기 힘든 작업이다. 더욱이 생활세계의 부속물과 일반 자연사물에 공공연하게 의탁하면서도 세계 내의 비의를 지속적으로 견인하는 면모는 정의홍의 시세계가 보유한 각별한 미학적 덕목으로 여겨진다. 물론 이 때의 미학적 덕목의 한 요소는 '시적 귀향'이라는 방법론적 장치, 또 연민과 자아성찰이라는 상징적 기제와 별개일 수 없다. 공동체적 삶의 가치가 붕괴되어 갈수록 더욱 예민해지는 정의홍의 시적 감각과 사유는 우리 시대가 망각하고 상실한 것들, 이제는 우리 곁에서 점차 사라져가는 소중한 것들을 새삼 환기하며 복구하고 있는 것이다.
　이런 측면에서 정의홍의 "사람들"은 여전히 오늘날 세계의 희망이자 미래적 가능태라고 할 것이다. 그들이 지켜온 단정하면서도 순결한 삶의 양식은 현실자본주의의 삭막한 일상을 위무하고, 일상인들로 하여금 사랑과 존중과 인정과 배려와 희생과 나눔의 마음으로 출렁이는 인간의 원적 상태를 시종일관 '생각'하게끔 하는 까닭이다. 이들과의 대면을 통해 치유와 구원의 상상력을 획득한 정의홍 자신이 그러했던 것처럼 말이다.

> 하느님
> 때 묻을 수 없는 영혼으로
> 지상에 잠시 내려와 사는 이 천사들을
> 오래도록 꼭 기억하소서
> ―「기억하소서」부분

그리하여, 이제 다시 시인은 "사람들"을 "천사"라고 부르기를 주저하지 않는다. "지상에 잠시 내려와 사는 이 천사들을/오래도록 꼭 기억"하고자 한다. '위대한 거절'을 선포하고 '오래된 미래'를 향해 묵묵히 걸어가는 "이 천사들"을 위해 시인은 항상, 간절히 기도하고자 한다.

결국 정의홍의 새 시집 『북한산 바위』는 "이 천사들"을 위한 기도이자, "사람들"을 향한 헌사였던 셈이다. 여기 "때 묻을 수 없는 영혼"은 시인이 그들에게 바치는 최대치의 찬사일 것인데, 종국에 이 화려하고 탐나는 수사는 우리 인간들 모두에게 선택의 몫으로 남겨져 있다.

시와시학

발간 시집 목록

한국의서정시

001 한용운 정본시집 『님의 침묵』
    『님의 침묵』 80주년 기념시집
002 김소월 정본시집 『진달래꽃』
010 김남조 시집 『귀중한 오늘』
    2007년 만해대상 문학상 수상시집
    2007년 한국문화예술위원회 우수도서선정
011 고 은 시집 『부끄러움 가득』
    2007년 영랑시문학상 수상시집
    2007년 한국문화예술위원회 우수도서
012 조오현 시집 『아득한 성자』
    2007년 정지용문학상 수상시집
    2007년 한국문화예술위원회 우수도서
021 김지하 시집 『새벽강』
    2005년 시와시학상 수상 기념시집
022 김지하 시집 『비단길』
    2006년 만해대상 평화상 수상 기념시집
    2006년 한국문화예술위원회 우수도서
031 송수권 시집 『언 땅에 조선매화 한 그루 심고』
    2005년 김동리문학상 수상시집
032 나태주 시집 『쪼끔은 보랏빛으로 물들 때』
033 유재영 시집 『고욤꽃 떨어지는 소리』
    2006년 편운문학상 수상시집
    2005년 한국문화예술위원회 우수도서
034 이준관 시집 『부엌의 불빛』
    2005년 영랑시문학상 수상시집
    2006년 한국문화예술위원회 우수도서
035 윤상운 시집 『달빛 한 쌈에 전어 한 쌈』
036 유자효 시집 『성자가 된 개』
    2005년 정지용문학상 수상시집
    2006년 한국문화예술위원회 우수도서
037 정일근 시집 『착하게 낡은 것의 영혼』
    2006년 한국문화예술위원회 우수도서
038 최명길 시집 『콧구멍 없는 소』
039 임보 시집 『장닭 설법』
    2007년 한국문화예술위원회 우수도서
    2007년 시와시학상 수상시집
040 한광구 시집 『산경 山經』
    2007년 한국문화예술위원회 우수도서
041 이승하 시집 『취하면 다 광대가 되는 법이지』
    2007년 한국문화예술위원회 우수도서
042 김석규 시집 『청빈한 나무』

043 강인한 시집 『입술』
    2010년 한국시인협회상 수상시집
044 이동순 시집 『발견의 기쁨』
    2010년 정지용문학상 수상시집
045 차한수 시집 『뒤』
046 동시영 시집 『신이 걸어주는 전화』
047 김지하 시집 『산알 모란꽃』
    2010년 영랑시문학상 기념시집
048 이수익 시집 『처음으로 사랑을 들었다』
049 박호영 시집 『그대 아직 사랑할 수 있으리』
    2007년 한국문화예술위원회 우수도서
050 김추인 시집 『프렌치키스의 암호』
    제2회 만해 님 시인상 작품상 수상시집
051 김미숙 시집 『저승 톨게이트』
    2010년 시와시학상 젊은시인상 수상시집
052 이가림 시집 『바람개비 별』
    2012년 영랑시문학상 수상시집
053 성낙희 시집 『숨 쉬는 집』
    2011년 숙명문학상 수상시집
054 임 보 시집 『눈부신 귀향』
055 유자효 시집 『주머니 속의 여자』
056 이동순 시집 『묵호』
    제15회 최인희문학상 수상시집
057 김영석 시집 『바람의 애벌레』
    2012년 문화체육관광부 우수교양도서 선정시집
058 이향아 시집 『화음』
059 정 숙 시집 『유배시편』
060 김일태 시집 『코뿔소가 사는 집』
    제8회 김달진창원문학상 수상시집
061 김유선 시집 『은유의 물』
062 문현미 시집 『아버지의 만물상 트럭』
    2012년 시와시학상 수상시집
063 임 보 시집 『아내의 전성시대』
    2012년 문화체육관광부 우수교양도서 선정시집
    2013년 만해 님 시인상 · 시인상 수상시집
064 김후란 시집 『새벽, 창을 열다』
    2013년 문화체육관광부 우수교양도서
    2013년 한국시인협회상 수상시집
065 김효중 시집 『침묵의 돌이 천년을 노래한다』
    2013년 문화체육관광부 우수교양도서
066 전석홍 시집 『시간 고속열차를 타고』
    2013년 영랑시문학상 특별상 수상시집
067 김소엽 시집 『꽃이 피기 위해서는』

068 김선영 시집 『달을 배웅하며』
069 박준영 시집 『동물의 왕국-그림자를 베다』
070 유자효 시집 『심장과 뼈』
    2014년 시와시학상 수상시집
071 구이람 시집 『산다는 일은』
072 임 보 시집 『자운영꽃밭』
073 류영환 시집 『그 먼 곳』
    2013년 육당 최남선문학상 본상 수상
074 동시영 시집 『십일월의 눈동자』
075 김효중 시집 『빛보래 허공을 찢고』
076 윤 효 시집 『참말』
    2014년 세종도서 문학나눔 우수도서
077 정혜옥 시집 『불러 세우다』
078 이 경 시집 『오늘이라는 시간의 꽃 한 송이』
    제19회 시와시학상 작품상 수상시집
    2015년 세종도서 문학나눔 우수도서
079 김미숙 시집 『멸치 공화국』
    2015년 만해 님 시인상 우수상 수상시집
080 구이람 시집 『하늘 나무』
    2014년 세종도서 문학나눔 우수도서
    2015년 만해 님 시인상 우수상 수상시집
081 임 보 시집 『검은등뻐꾸기의 울음』
    2014년 세종도서 문학나눔 우수도서
    윤동주문학상 수상
082 김송희 시집 『이별은 고요할수록 좋다』
    2014년 숙명문학상 수상시집
083 김 경 시집 『가을빛 사서함』
    2015년 세종도서 문학나눔 우수도서
084 유자효 시집 『아직』
085 이향아 시집 『온유에게』
    2015년 세종도서 문학나눔 우수도서
086 류영환 시집 『산정수훈』
087 나호열 시집 『촉도蜀道』
    2015년 세종도서 문학나눔 우수도서
088 임 보 시집 『광화문 비각 앞에서 사람 기다리기』
    2015년 세종도서 문학나눔 우수도서
089 여자영 시집 『지금 이 순간 외엔 따로 길이 없다는 것을 생각한다』
090 조영숙 시집 『자[尺]』
    2016년 세종도서 문학나눔 우수도서
091 김일태 시집 『부처고기』
092 이중도 시집 『당신을 통째로 삼킬 것입니다』
093 박이도 시집 『데자뷔 Deja vu』
    2016년 세종도서 문학나눔 우수도서

　　　　　문덕수문학상 수상
094 류영환 시집 『빙하의 꽃』
095 구이람 시집 『꽃들의 화장법』
096 전석홍 시집 『괜찮다 괜찮아』
097 문현미 시집 『깊고 푸른 섬』
　　　　　2016년 세종도서 문학나눔 우수도서
098 양승준 시집 『뭉게구름에 관한 보고서』
099 임　보 시집 『山上問答-林步의 箴言시집』
　　　　　2017년 세종도서 문학나눔 우수도서
　　　　　제6회 녹색문학상 수상시집
100 강인한 시집 『툴립이 보내온 것들』
　　　　　2017년 시와시학상 시인상 수상시집
101 김후란 시집 『고요함의 그늘에서』
　　　　　공초문학상 수상
102 김미숙 시집 『니가 곧 하늘이라』
103 윤준경 시집 『시와 연애의 무용론』
104 임지현 시집 『산을 만나 산을 벗다』
105 동시영 시집 『너였는가 나였는가 그리움 인가』
106 임　보 시집 『벽오동 심은 까닭』
107 여자영 시집 『황혼을 기대다』
108 윤상운 시집 『그림자 세상』
109 구이람 시집 『너, 피에타』
110 황선태 시집 『산자락, 물소리』

시학시인선

001 임　보 시집 『가시연꽃』
002 나태주 시집 『눈부신 속살』
　　　　　2009년 한국시인협회 수상 시집
003 유자효 시집 『여행의 끝』
　　　　　2008년 유심작품상 수상 시집
004 류근조 시집 『고운 눈썹은』
005 차옥혜 시집 『위험한 향나무를 버릴 수 없다』
006 김명원 시집 『달빛 손가락』
　　　　　2008년 시와시학상 젊은시인상 수상 시집
007 최석봉 시집 『사랑한다는 소리는 아름답다』
008 동시영 시집 『낯선 神을 찾아서』
009 김정호 시집 『상처 아닌 꽃은 없다』
010 최상호 시집 『고슴도치 혹은 엔두구 이야기』
011 김미숙 시집 『눈물, 녹슬다』
012 박수화 시집 『물방울의 여행』

013 문현미 시집 『가산리 희망발전소로 오세요』
    2008년 박인환문학상 수상 시집
014 오철환 시집 『눈물바위 틈에 꽃이 핀다』
015 윤 효 시집 『햇살 방석』
    2008년 영랑시문학상 우수상 수상 시집
016 류영환 시집 『시詩라는 칸타빌레』
017 안영희 시집 『내 마음의 습지』
018 윤상운 시집 『행복한 나뭇잎』
    2008년 최계락문학상 수상 시집
019 유자효 시집 『전철을 타고 히말라야를 넘다』
    제46회 한국문학상 수상 시집
020 나병춘 시집 『어린왕자의 기억들』
021 정 숙 시집 『바람다비제祭』
    2009년 남 시인상 우수상 수상 시집
022 김 경 시집 『누가 바람의 집을 보았는가』
023 김일태 시집 『바코드속 종이달』
    2009년 시와시학상 젊은시인상 수상 시집
024 김명수 시집 『여백』
025 류영환 시집 『별똥별 연가戀歌』
026 김정호 시집 『비토섬 그곳에』
027 박준영 시집 『얼짱, 너는 꼬리가 예쁘다』
028 윤범모 시집 『노을 씨氏, 안녕!』
029 소재호 시집 『어둠을 감아 내리는 우레』
030 김용화 시집 『비 내리는 소래포구에서』
031 전석홍 시집 『내 이름과 수작을 걸다』
032 구이람 시집 『그 여자 몇 가마의 쌀 씻어 밥을 지어 왔을까』
033 김복근 시집 『는개, 몸속을 지나가다』
034 최정희 시집 『하늘의 열쇠』
035 박신지 시집 『미필적 고의의 봄날은 간다』
036 김효중 시집 『詩보다 아름다운 꽃 어디 있으랴』
037 김미숙 시집 『탁발승과 야바위꾼』
    2010년 시와시학상 젊은시인상 수상 시집
038 김동호 시집 『낙엽이 썩어 암실은 총천연색』
039 정하해 시집 『깜빡』
040 나호열 시집 『눈물이 시킨 일』
    제3회 한국문협 서울시문학상 수상 시집
041 윤준경 시집 『새의 습성』
042 구이람 시집 『걷다』
043 조승래 시집 『내 생의 워낭 소리』
044 김 완 시집 『그리운 풍경에는 원근법이 없다』
045 조영숙 시집 『백년 전쟁』
046 류영환 시집 『물방울 성자』
047 여자영 시집 『화엄고요』
    만해시인상 우수상 수상 시집

048 박만진 시집 『오이가 예쁘다』
049 김효중 시집 『화살, 그리움을 쏘다』
050 정석교 시집 『꽃비 오시는 날 가슴에 꽃잎 띄우고』
051 이정화 시집 『목조미륵보살반가사유상과 나비』
052 김행숙 시집 『여기는 타관』
　　　이화문학상 수상 시집
053 김소원 시집 『그리운 오늘』
054 최영록 시집 『섬 휘파람새, 산골에 사는 까닭』
055 윤범모 시집 『멀고 먼 해우소』
056 현태리 시집 『판문점에서의 차 한잔』
057 우은숙 시집 『물무늬를 읽다』
058 한계주 시집 『여든이 되어 보렴』
059 장하빈 시집 『까치 낙관』
　　　2012년 시와시학상 동인상 수상 시집
　　　대구시인협회상 수상 시집
060 서경숙 시집 『햇빛의 수인번호』
061 조승래 시집 『타지 않는 점』
062 이진엽 시집 『겨울 카프카』
063 정의홍 시집 『천국아파트』
064 노현숙 시집 『겨울나무 황혼에 서다』
065 이제인 시집 『오늘 내 밥그릇은 무사할까』
　　　제19회 시와시학상 젊은시인상 수상 시집
066 신봉균 시집 『눈물 젖은 돌』
067 김병수 시집 『처음부터 내게 허락되지 않았다』
068 복영미 시집 『우주의 젖이 돈다』
069 김철교 시집 『사랑을 체납한 환쟁이』
070 전미소 시집 『동사무소에 가면 누구나 한평생이 보인다』
071 이중도 시집 『새벽시장』
　　　2014년 세종도서 문학나눔 우수도서
072 권순학 시집 『바탕화면』
　　　 2014년 세종도서 문학나눔 우수도서
073 전외숙 시집 『지금 막 꽃물이 밀물지고』
　　　2014년 세종도서 문학나눔 우수도서
074 임봉주 시집 『풀잎은 나부끼고』
075 전소빈 시집 『탱자꽃 하얗게 바람에 날리고』
076 나삼진 시집 『생각의 그물』
　　　2015년 세종도서 문학나눔 우수도서
077 노미원 시집 『Dr. 詩에게』
078 이계열 시집 『그 자리에 놓아두자』
　　　2015년 세종도서 문학나눔 우수도서
079 정정순 시집 『미늘』
　　　2015년 세종도서 문학나눔 우수도서
080 주설자 시집 『가랑잎은 당찬 유목이다』

081 신진순 시집 『세상 붙여쓰기와 사람 띄어쓰기』
082 송현숙 시집 『그 섬에 피다』
083 김이랑 시집 『집으로 돌아와서』
084 김관옥 시집 『집시가 된 물고기별을 그린다』
085 남금희 시집 『맡겨진 선물』
086 황선태 시집 『꽃길의 목소리』
087 이소암 시집 『눈부시다 그 꽃!』
088 송남영 시집 『자작나무의 길게 선 그리움으로』
089 정창원 시집 『나무의 꿈』
090 신봉균 시집 『호두나무 아래에 서서』
091 우기정 시집 『세상은 따뜻하다』
092 신봉균 시집 『이슬 편지』
093 한상호 시집 『단풍물들 나이에야 알았다』
094 나삼진 시집 『배와 강물』
095 송호연 시집 『별을 그린다』

오늘의서정시

001 윤　효 『얼음새꽃』
002 동시영 『미래사냥』
003 조예린 『꽃같이 가라』
004 정　숙 『불의 눈빛』
005 박수화 『새에게 길을 묻다』
006 김미숙 『산은 사람에게 몸을 기대고』
007 조연향 『오목눈숲새 이야기』
008 이제인 『내 생의 무게를 달다』
009 이　경 『푸른 독』
　　　 2007년 유심 작품상 수상기념시집
010 최윤경 『슬픔의 무늬』
011 김초하 『마음의 행로』
012 김이랑 『집을 떠나서』
013 정순옥 『세상의 붉은 것들은 모두 아프다』
014 박준식 『일년 후』
015 박준영 『장안에서 꿈을 꾸다』
016 전석홍 『자운영 논둑길을 걸으며』
017 문정아 『한 줄로 남은 시』
018 홍춘자 『동물서시』
019 서상만 『시간의 사금파리』
020 강고운 『사라진 자전거를 위한 파반느』
021 정혜옥 『돌 속에는 파도가 산다』
022 임봉주 『꽃화살 바람의 춤』

023 심수향 『중심』
024 김명희 『빈 곳』
025 이계열 『유리공』
026 조광현 『때론 너무 낯설다』
027 김서누 『화이트블랙의 나날』
028 이창호 『세상에서 가장 빛나는 거울』
029 이 산 『사뜸마을의 샘』
030 허소미 『먼 먼나무』
031 박장희 『황금 주전자』
    샤르트르문학상 수상시집
032 최혜숙 『그날이 그날 같은』
033 박일규 『절경은 혼자서도 외롭지 않다』
034 곽ööü 『달의 정원』
035 성백선 『분합문』
036 임철재 『백제유사』
037 박정식 『강촌물의 언어』
038 이중도 『통영』
039 박수련 『슬픔이 흐르는 강』
040 이소연 『봄이 오는 풍경』
041 안윤하 『모마에서 게걸음 걷다』
042 이 순 『속았다』
043 한상호 『아버지 발톱을 깎으며』
044 김진태 『눈섬』
045 권정순 『화포 소행성』
046 최성철 『신의 가마에 불 지피다』
047 최경숙 『길 안에 길을 묻다』

시와시학동인시집

01 시와시학동인일동 『변방의 북소리』
02 시와시학동인일동 『백지, 흰 어둠을 받쳐 들다』
03 시와시학동인일동 『낯선 별의, 바깥』
04 시와시학동인일동 『혜화동 건널목』
05 시와시학동인일동 『木川行』
06 시와시학동인일동 『순장의 재발견』
07 시와시학동인일동 『천 년 후 읽고 싶은 편지』
08 시와시학동인일동 『팽목항, 벚꽃 엔딩』
09 시와시학동인일동 『둥글게 환한 목록들』
10 시와시학동인일동 『바다 오르간과 자작나무 피아노』

(이 자료는 2007년부터 2018년 5월 현재까지 자료입니다)

시인 정의홍

강원도 강릉에서 태어나 서울의대를 졸업하고 안과의사가 되었다. 인제의대 백병원 안과와 미국 하버드의대 스케펜스안연구소에 재직하였으며 2011년 『시와시학』을 통하여 등단하였다. 『천국아파트』등 시집이 있으며 2013년 고향인 강릉으로 귀향하였다.

북한산 바위

지은이 | 정의홍
펴낸이 | AHN JANE LEE
펴낸곳 | 도서출판 시와시학
1판1쇄 | 2018년 6월 20일
출판등록 | 2016년 4월 11일
등록번호 | 제300-2016호
주소 | 서울 종로구 혜화로 3가길 4(명륜1가)
전화 | 02-744-0110
FAX | 02-3672-2674
값 9,000원

ISBN 979-11-87451-35-8 03810

* 저자와의 협의에 의해 인지를 생략합니다.
* 잘못된 책은 바꾸어 드립니다.